KLEINE TISCHDEKORATION (Abbildung Seite 1)

Gerade in der Weihnachtszeit gibt es viele Einladungen.
Da oft nur wenig Zeit für die Vorbereitung bleibt, hier ein Dekorationsvorschlag,
der sich schnell und einfach umsetzen läßt.

Weihnachtsgesteck

- Jutesack
- Steckschaum
- Nobilistanne
- Koniferen (Thuja)
- Kerze
- 2,50 m rot-grün-goldene Kordel (ø 5 mm)
- Birkenzweige
- Efeuzweig
- Steckdraht (ø 1,6 mm und 1,0 mm)
- 2 Kerzendrähte
- Zypressenzapfen
- Brauner Myrtendraht

Eine Anleitung für das Gesteck und die Kerze finden Sie auf Seite 19.
Bündeln Sie die Birkenzweige, den Efeuzweig und einen 1,6 mm starken Steckdraht, und binden Sie sie mit Myrtendraht ab. Biegen Sie die Zweige in Form, und befestigen Sie sie mit einem 1 mm starken Steckdraht im Steckschaum.
Die Zypressenzapfen mit Draht feststecken.
Eine Schleife drahten und zur Kerze stecken.

Sterndekoration

- Rote Sternchenwellpappe
- Je 0,60 m Goldkordel (ø 4 mm)

Übertragen Sie die kleinen und großen Sterne vom Vorlagenbogen auf die Rückseite der Wellpappe, und schneiden Sie sie aus.
Die Goldkordel wird an den Enden verknotet. Oberhalb eines Knotens den kleinen Stern und mit 3 cm Abstand den großen Stern auf die Goldkordel kleben.
Nun rollen Sie die Serviette ein, schlingen die Goldkordel um die Serviette und drapieren die Sterne auf der Serviette.
Zusätzlich werden mehrere große und kleine Sterne zum Dekorieren des Tisches aus Wellpappe ausgeschnitten.

Fotos: frechverlag GmbH + Co. Druck KG, 70499 Stuttgart; Fotostudio Ullrich & Co., Renningen

Materialangaben und Arbeitshinweise in diesem Buch wurden von den Autorinnen und den Mitarbeitern des Verlags sorgfältig geprüft. Eine Garantie wird jedoch nicht übernommen. Autorinnen und Verlag können für eventuell auftretende Fehler oder Schäden nicht haftbar gemacht werden. Das Werk und die darin gezeigten Modelle sind urheberrechtlich geschützt. Die Vervielfältigung und Verbreitung ist, außer für private, nicht kommerzielle Zwecke, untersagt und wird zivil- und strafrechtlich verfolgt. Dies gilt insbesondere für eine Verbreitung des Werkes durch Film, Funk und Fernsehen, Fotokopien oder Videoaufzeichnungen sowie für eine gewerbliche Nutzung der gezeigten Modelle.

Auflage: 5. 4.
Jahr: 2001 2000 1999 98
Letzte Zahlen maßgebend

© 1997

ISBN 3-7724-2251-9 · Best.-Nr. 2251

frechverlag GmbH + Co. Druck KG, 70499 Stuttgart
Druck: frechverlag GmbH + Co. Druck KG, 70499 Stuttgart

Alle Jahre wieder ...

... möchte man seine Wohnung weihnachtlich schmücken und sucht nach passenden Gestaltungsvorschlägen.

Die Zahl kleiner Haushalte wächst unaufhörlich und auch die Zahl derjenigen, die durch Familie oder Berufstätigkeit nur wenig Zeit zum Basteln haben. Deshalb möchten wir Ihnen kleine und dennoch effektvolle Dekorationen vorstellen, die nur wenig Raum und Zeit beanspruchen und sich auch fürs Basteln in der Gruppe eignen.

Das Buch bietet eine Fülle von Anregungen, genaue Anleitungen und viele Tips zur Umsetzung der Vorschläge. Alle Motive sind einfach nachzuarbeiten. So wird das Basteln zu einer besinnlichen, kreativen Stunde und führt nicht zu überflüssigem Streß.

Wir haben bewußt kleine Gegenstände gewählt. Sie passen in die „kleinste Hütte", sie eignen sich aber auch als vorweihnachtliches Mitbringsel oder als kleines Weihnachtsgeschenk.

Wir wünschen Ihnen eine schöne Weihnachtszeit und viel Spaß beim Basteln!

Wichtige Arbeitsmaterialien & Werkzeuge

Die folgenden Materialien und Werkzeuge sollten Sie zur Hand haben, wenn Sie Modelle dieses Buches nacharbeiten möchten:

- Weichen Bleistift (2B)
- Transparentpapier
- Haushaltsschere
- eventuell Silhouettenschere
- Küchenmesser
- Zange oder Seitenschneider
- Bürolocher
- Cutter
- Schneideunterlage
- Lineal
- Klebestift
- Bastelkleber
- Golddraht/Messingdraht (ø 0,4 mm)

Alle anderen Materialien und Werkzeuge finden Sie in den Materiallisten zu den einzelnen Modellen.

SO WIRD'S GEMACHT

Die schönste Zeit des Jahres ist die Weihnachtszeit.
Es ist die Zeit, in der selbst „Nichtbastler" Lust verspüren, kreativ zu sein und selbst etwas herzustellen. Damit auch alles klappt, hier unsere Tips:

Das Motiv vom Vorlagenbogen übertragen

Legen Sie Transparentpapier auf das gewünschte Motiv, und zeichnen Sie es mit einem weichen Bleistift durch. Legen Sie nun das Transparentpapier mit der bemalten Seite auf die Rückseite der Wellpappe oder des Tonkartons, und ziehen Sie die Linien mit Bleistift nach. Der Bleistiftstrich zeichnet sich dadurch auf dem Material ab.

Tonkarton und Wellpappe zuschneiden

Zum Ausschneiden der Sterne eignet sich eine Silhouettenschere besonders gut.
Für gerade und längere Schnitte verwenden Sie am besten einen Cutter mit einer geeigneten Schneideunterlage. Legen Sie das Lineal auf die Schnittlinie, drücken Sie es fest an, und schneiden Sie mit einem Schnitt am Lineal entlang. Achten Sie bei Plastiklinealen darauf, daß Sie nicht versehentlich in das Lineal schneiden.

Veredeln mit Blattmetall

Tragen Sie mit einem Pinsel Anlegemilch auf die Oberfläche des zu veredelnden Objekts dünn auf, und lassen Sie diese trocknen.
Nach 15 Minuten ist die Oberfläche aufnahmebereit. Legen Sie das Blattmetall auf, und drücken Sie es mit einem weichen, trockenen Pinsel oder Tuch an. Reste werden mit dem Pinsel oder Tuch vorsichtig weggewischt.

Die glatte Oberfläche wird nach 12 Stunden vorsichtig mit Watte poliert und lackiert.

Schleifen binden
Einfache und doppelte Schleife:
Halten Sie mit Daumen und Zeigefinger das Schleifenband in der Mitte. Erst von links, dann von rechts eine Schlaufe auf die Mitte legen (brezelähnlich). Achten Sie darauf, daß die Schlaufen nicht zu groß werden. Über die Schleife wird Messingdraht gelegt, der auf der Rückseite fest zusammengedreht wird.
Für die doppelte Schleife fassen Sie ein zweites Band mit Draht zusammen, legen die Schleifen aufeinander und verdrehen die Drähte auf der Rückseite miteinander.

Mehrfache Kordelschleife:
Fassen Sie mit der linken Hand nach 30 cm die Kordel, und legen Sie mit der rechten Hand eine Schlaufe in die linke Hand. Die nächste Schlaufe von hinten zur ersten legen. Darauf achten, daß sich die Schlaufen immer überkreuzen. Wieder 30 cm hängen lassen und zurück nach oben führen. Erneut Schlaufen von rechts und links legen. Wiederholen Sie dies – je nach gewünschter Schleifendichte – mehrmals.
Nun die Schleife verdrahten. Eventuell herunterhängende Schlaufen werden aufgeschnitten, die Enden verknotet. Für kleinere oder größere Dekorationen werden die langen Schleifenbänder gekürzt bzw. verlängert.

STIMMUNGSVOLLE ADVENTSBASTELEIEN

Zur traditionellen Weihnacht gehören nicht nur Sterne, sondern auch ein Adventskranz. Mit den hier vorgestellten Modellen hält auch bei Ihnen die Adventszeit stimmungsvoll Einzug.

Adventskranz

- Strohkranz (ø 30 cm, 4 cm dick)
- Nobilistanne
- Verschiedene Koniferenarten
- Buchsbaum
- 8 kleine, rote Äpfel
- 4 getrocknete Apfelscheiben
- 4 getrocknete Zitronenscheiben
- 4 angedrahtete Walnüsse
- Je 4 große, mittlere und kleine Naturholzsterne mit Steckdraht
- 4 Kerzen (ø 6 cm, 10 cm hoch)
- 3,20 m Schleifenband
- Grüner Bindedraht (auf Holzspule)
- Steckdrähte
- U-Nadeln
- Golddraht (ø 0,4 mm)
- 8 Kerzensteckdrähte

Falls Sie keine speziellen Kerzensteckdrähte zur Hand haben, können Sie auch zwei herkömmliche Steckdrähte vorsichtig über einer Kerzenflamme erhitzen und von unten in die Kerze stecken.

Schneiden Sie die Nobilistanne, die Koniferen und den Buchsbaum in ca. 12 cm lange Stücke. Befestigen Sie den Bindedraht an dem Strohkranz, und binden Sie immer von innen nach außen.
Die Zweige werden zu kleinen Sträußchen zusammengefaßt und abwechselnd von links, in der Mitte und von rechts mit Bindedraht am Strohkranz befestigt. Die nächsten Lagen jeweils so anlegen, daß sie den drahtumwundenen Teil verdecken. Am Ende heben Sie die ersten Zweige etwas an, damit Sie die Stielenden der letzten Zweige verdeckt anbringen können. Befestigen Sie den Bindedraht auf der Rückseite an den Drahtwindungen, und stecken Sie das Drahtende in den Strohkranz. In eventuell auftretenden Lücken Zweige mit U-Nadeln feststecken.
Zum Befestigen der Kerzen in jede Kerze zwei Kerzensteckdrähte stecken und die Kerzen gleichmäßig verteilt auf dem Kranz plazieren. Das Schleifenband in 80 cm lange Stücke schneiden, mit Golddraht zur Schleife binden und vor den Kerzen in den Kranz stecken.
Die Äpfel mit Steckdraht auf dem Kranz befestigen, die Apfel- und Zitronenscheiben andrahten, zusammen mit den Walnüssen und unterschiedlich großen Holzsternen als Gruppe zu den Äpfeln stecken.

Fröbelsterne

Für den klassischen Fröbelstern sollten Sie etwas Zeit und Geduld mitbringen. Dafür werden Sie auch mit einem besonders schönen Stern belohnt. Für Anfänger ist die Verwendung fertiger Tonpapierstreifen aus dem Bastelhandel hilfreich, da sich die Streifen dann leichter durchziehen lassen (oder Streifenenden schräg abschneiden).

(Abbildung Seite 6/7)

- Rotes, grünes und goldfarbenes Tonpapier (50 cm x 70 cm)
- Goldfaden (ø 0,2 mm)
- Pinzette zum Durchziehen der Streifen

Schneiden Sie für jeden Stern vier Streifen aus Tonpapier zu: für den großen Stern je 3 cm breit und 70 cm lang, für den kleinen Stern je 2 cm breit und 50 cm lang. Zeichnungen zum Nacharbeiten finden Sie auf dem Vorlagenbogen. Die Streifen werden zur Hälfte gelegt und zu einem geflochtenen Viereck zusammengesteckt (Abb. 1). Nach diesem Schritt liegen die Streifen doppelt übereinander. Die vier oben liegenden Streifen auf die gegenüberliegende Seite legen, d. h. von rechts nach links (Abb. 2), von links unten nach oben, von links nach rechts und den letzten von oben nach unten durch die Schlinge des ersten ziehen (Abb. 3). Die Streifen strammziehen. Nach diesem Schritt liegen die Streifen einzeln. Den linken oberen Streifen nach links falten (Abb. 4), nach unten falten (Abb. 5) und für die Zacke a auf b legen. Die entstandene Zacke leicht nach hinten biegen und den Streifen unter dem Quadrat c durchziehen (Abb. 6). Der Streifen befindet sich nun in der Mitte des geflochtenen Vierecks. Die gleiche Faltung mit jedem übernächsten Streifen durchführen (Abb. 7). Den halbfertigen Stern wenden und auf der Rückseite ebenso vier Zacken arbeiten. Nun auf beiden Seiten aus jedem der vier Streifen in der Sternmitte eine hochstehende Zacke arbeiten: Dazu zunächst den Streifen d anheben, den Streifen f nach außen drehen, bei der Drehung des Streifens eine Zacke andeuten (ähnlich Abb. 4), und den Streifen dann unter dem Quadrat g durchziehen, bis er aus einer Sternzacke herauskommt (Abb. 8). Nachdem Sie auf diese Weise alle acht Zacken angefertigt haben (Abb. 9), können Sie die Streifenenden bündig abschneiden (Abb. 10) und einen Goldfaden als Aufhänger anbringen.

Weidensterne

- 2 Weidensterne (ø ca. 14 cm und 25 cm)
- Buchsbaumgirlande
- 1 Päckchen rote Streusterne
- Rote Kordel (ø 1 mm)
- Rotes Schleifenband (4 cm breit)
- Rot-grün kariertes Schleifenband (4 cm breit)
- Golddraht (ø 0,4 mm)
- Heißklebepistole

Winden Sie um den kleinen Stern 1 m Buchsbaumgirlande. 80 cm rot-grün kariertes Schleifenband zur Schleife legen und andrahten – ebenso verfahren Sie mit 70 cm rotem Schleifenband. Die rote Schleife auf die karierte legen, beide zu einer doppelten Schleife verdrehen, die Schleifenenden schräg abschneiden und die Schleife mit Heißkleber auf dem Stern befestigen.
Nachdem Sie fünf bis sechs Streusterne auf dem Stern festgeklebt haben, bringen Sie 50 cm rote Kordel als Aufhänger an.
Für den großen Stern benötigen Sie 1,80 m Buchsbaumgirlande, 1 m rot-grün kariertes Schleifenband, 90 cm rotes Schleifenband, 70 cm rote Kordel und acht bis zehn Streusterne. Arbeiten Sie den großen Stern genauso wie den kleinen.

FARBENFROHER WINTER

Mit den kleinen Winterkindern wird der weiße – oder gar graue – Winter richtig bunt und farbenfroh. Ob Sie nur ein oder zwei dieser liebenswerten Figürchen arbeiten oder eine ganze Winterlandschaft gestalten, bleibt Ihnen überlassen. Vielleicht verwenden Sie sie ja auch als originelle Geschenkanhänger ...

Winterkinder

- Farbig sortierte Pfeifenputzer
- Roter, grüner, blauer, gelber und weißer Filz (20 cm x 30 cm)
- Naturfarbene Holzkugeln (ø 15 mm)
- Naturfarbene Holzperlen (ø 8 mm und 6 mm)
- Weißes, schwarzes, dunkel- und hellbraunes Stopfgarn
- Buchsbaumgirlande
- Künstlicher Tannenzweig
- Aststückchen (ø ca. 5 mm)
- Streichhölzer oder kleine Bastelhölzer
- Sisaltauwerk (ø 10 mm)
- Rotes Satinband (3 mm breit)
- Nähgarn
- Golddraht (ø 0,4 mm)
- Feiner, schwarzer HOLZ-PEN
- Rote Bastelfarbe
- Rotmarderhaarpinsel 00
- Textilkleber

Winterkind:

Schneiden Sie für jedes Winterkind einen Pfeifenputzer von 10 cm, 6 cm und 4 cm Länge zu. Den 10 cm langen Pfeifenputzer für die Beine in der Mitte zusammenknicken, den 6 cm langen Pfeifenputzer für die Arme mittig über die Knickstelle der Beine legen, den 4 cm langen, ebenfalls in der Mitte geknickten Pfeifenputzer von unten über die Beine und Arme legen und oberhalb der Arme fest zu einem Hals verdrehen (siehe Skizze auf dem Vorlagenbogen).

Der Umhang, die Mütze und der Schal werden nach Vorlage aus Filz zugeschnitten. Bringen Sie in der Mitte des Umhangs einen kleinen Schlitz von 5 mm Länge an, und legen Sie den Umhang über den Hals. Eine Holzkugel wird als Kopf auf dem Hals mit Klebstoff fixiert. Als Hände kleben Sie die 6 mm und als Füße die 8 mm großen Holzperlen fest.

Nun bringen Sie auf dem Kopf Haare aus Stopfgarn an, kleben den Mützenzuschnitt zipfelmützenförmig zusammen und befestigen ihn auf dem Kopf.

Schneiden Sie in den Filzschal kleine Fransen, legen Sie dem Winterkind den Schal um den Hals, und fixieren Sie ihn mit etwas Klebstoff. Abschließend malen Sie mit schwarzem HOLZ-PEN die Augen und mit roter Bastelfarbe den Mund auf.

(Abbildung Seite 10/11)

Holzbündel:
Für das Holzbündel werden Streichhölzer gekürzt oder kleine Bastelhölzer verwendet, die mit Golddraht zu einem Bündel gebunden werden.

Tannenbaum:
Für den kleinen Tannenbaum schneiden Sie von einem künstlichen Tannenzweig ca. 3 cm ab und stutzen diesen Abschnitt kegelförmig zurecht.

Kranz:
Den kleinen Kranz aus 7 cm Buchsbaumgirlande binden, aus 7 cm Satinband eine kleine Schleife legen, drahten und auf den Kranz kleben.

Besen:
Vom Sisaltauwerk wird ein 4 cm langes Stück abgeschnitten, aufgedreht und mit Golddraht um ein 5 cm langes Aststückchen befestigt.

Ganz zum Schluß werden die fertigen Teile an den Winterkindern mit Klebstoff fixiert.

Zum Aufhängen der Figürchen jeweils einen Faden durch die Mützchen ziehen.

Glitzersandsterne

- Graupappe, 1050 g/m^2 (1,5 mm stark)
- Roter Tonkarton
- 1,00 m rote Kordel (ø 2 mm)
- Grüner Glitzersand
- Borstenpinsel
- Lochzange
- Motivlocher in Herzform

Zunächst den Stern vom Vorlagenbogen auf die Graupappe übertragen und mit dem Cutter ausschneiden. Nachdem Sie den Glitzersand sorgfältig umgerührt haben, den Stern von beiden Seiten mit Glitzersand anmalen, trocknen lassen und einen zweiten Farbauftrag anbringen. Nach dem Trocknen eine Zacke lochen, 50 cm rote Kordel durchziehen und verknoten. Die restlichen 50 cm Kordel um den Stern schlingen und zur Schleife binden. Mit dem Motivlocher vier rote Herzen ausstanzen und die Kordelenden jeweils zwischen zwei Herzen kleben.

GLITZERSANDDEKORATIONEN

Die mit Sand verzierten Glocken und Sterne sind ein ausgefallener Schmuck, der im Kerzenlicht zauberhaft glitzert. Dabei sind sie ganz einfach nachzuarbeiten.

Glocken

- 2 Tontöpfe (ø 5 cm und 4 cm)
- Künstlicher Tannenzweig mit drei Spitzen
- Lärchengirlande
- Mini-Eukalyptus
- Goldene Ilexbeeren
- Goldener Casuarinazapfen
- Kleiner Lärchenzapfen
- Zimtstangen
- 2 Mohnkugeln
- 1,60 m Jutekordel (ø 4 mm)
- Golddraht (ø 0,4 mm)
- Goldener Glitzersand
- Borstenpinsel

Bringen Sie die Farbe so auf die Tontöpfe auf, wie auf Seite 13 („Glitzersandsterne") beschrieben, und lassen Sie sie trocknen.
Nun die Jutekordel zuschneiden: es werden zweimal 30 cm und je einmal 40 cm und 60 cm Kordel benötigt.
In das 40 cm und das 60 cm lange Stück machen Sie jeweils ca. 5 cm vom Ende entfernt einen Knoten. Nachdem Sie den langen Abschnitt dieser beiden Kordeln jeweils von unten nach oben durch das Loch eines Tontopfes gefädelt haben, kleben Sie die Knoten innen an den Tontöpfen fest und fixieren Mini-Eukalyptus mit Klebstoff als Klöppel.
Der Tannenzweig wird in Stücke von 2 cm und 3 cm Länge geschnitten, je drei Stückchen werden auf die Tontöpfe geklebt.
Schneiden Sie die Zimtstangen 2 cm lang zu, und drahten Sie sie an. Auf jedem Tontopf werden eine Mohnkugel, ein Zapfen, Ilexbeeren, Zimtstangen und Eukalyptus mit Klebstoff befestigt.
Die beiden 30 cm langen Kordelabschnitte werden zu Schleifen gebunden und aufgeklebt. Zum Schluß die beiden Aufhängekordeln oben verknoten und mit der Lärchengirlande dekorieren.

Sterne

Pro Stern:
- Graupappe, 1050 g/m^2 (1,5 mm stark)
- Künstlicher Lärchenzweig
- 2 Zimtstangen (4 cm lang)
- 1 Sternanis
- $1/2$ Zitronenscheibe
- 1,00 m naturfarbene Jutekordel (ø 2,5 mm)
- Golddraht (ø 0,4 mm)
- Goldfarbener Bouillondraht (ø 1,5 mm)
- Sandfarbener Glitzersand
- Borstenpinsel

Arbeiten Sie die Sterne so wie die russischgrünen Glitzersandsterne auf Seite 13.
Zum Aufhängen 50 cm Jutekordel auf eine Zacke kleben. Einen 2 cm langen Lärchenzweig, zwei mit Golddraht zusammengebundene Zimtstangen, den Sternanis und die halbe Zitronenscheibe als Dekoration anbringen. Aus 50 cm Jutekordel eine Schleife drahten und ebenfalls aufkleben.

MONDWICHTEL

**Der Mann im Mond ist nicht nur eine Legende,
mit den fröhlichen kleinen Mondwichteln wird sie Wirklichkeit.**

- Goldene Wellpappe
- Rote und weiße Pfeifenputzer
- Roter Filz
- Weiße Pompons (ø 7 mm)
- Watte
- Naturfarbene Holzkugeln (ø 15 mm)
- Naturfarbene Holzperlen (ø 8 mm und 6 mm)
- Kleine Bastelhölzer oder Streichhölzer
- Weißes Baumwollhäkelgarn
- Juteschleifenband (4 mm breit)
- Nähgarn
- Goldkordel (ø 1 mm)
- Feiner, schwarzer HOLZ-PEN
- Feiner, weißer HOLZ-PEN
- Textilkleber

Mondwichtel:
Arbeiten Sie die Körper und die Mützen der Wichtel entsprechend der Anleitung für die Winterkinder, Seite 12.
Den Mantel nach Vorlage zuschneiden, bis zur Markierung in der Mitte einschneiden, dem Wichtel anziehen, Arm- und Seitennähte mit dem Textilkleber schließen. Ein 14 cm langer weißer Baumwollfaden wird als Gürtel um den Mantel geschlungen.
Für den Bart biegen Sie ein weißes, 4 cm langes Stückchen Pfeifenputzer halbrund und kleben es am Kopf an. Das Haar aus weißer Baumwolle und die Mütze mit Klebstoff fixieren. Das Gesicht mit dem HOLZ-PEN aufmalen. An der Mütze einen Pompon befestigen.

Die Mondteile vom Vorlagenbogen werden nun auf die Rückseite der goldenen Wellpappe übertragen, ausgeschnitten und beide Teile zusammengeklebt. Abschließend plazieren Sie einen Wichtel mit Textilkleber auf dem Mond. Im oberen Teil des Mondes wird eine 40 cm lange Goldkordel als Aufhängung angebracht.

Strickleiter:
Für die Leiter werden acht Bastel- oder Streichhölzer auf 2,5 cm gekürzt, in zwei 40 cm lange Goldkordeln eingeknotet und die geknoteten Stellen mit Textilkleber fixiert.

Sack:
Für den Sack falten Sie ein 10 cm langes Stück Juteschleifenband in der Hälfte, kleben es an den Außenkanten zusammen, ziehen oben Nähgarn ein und stopfen es mit etwas Watte aus.

Statten Sie die Wichtel mit einem Sack und/oder einer Strickleiter aus.

Weihnachten in Orange

Orangenschalen, Zimt und Nelken – wie verführerisch sie duften ... Sie rufen Erinnerungen an längst vergangene Weihnachtstage wach. Holen Sie sich mit den kleinen Gewürztöpfchen oder dem Gesteck weihnachtlichen Duft ins Haus!

Gewürztöpfchen

- Tontopf (ø 6 cm)
- Steckschaumkugel (ø 6 cm)
- Birkenreisig
- Orangensterne (siehe auch Seite 20)
- Sternanis, Zimtstangen, Nelken
- Golddraht (ø 0,4 mm)
- Goldener Bouillondraht
- Goldfarbenes Blattmetall
- Anlegemilch
- Überzugslack
- Borstenpinsel
- Weicher Pinsel oder Tuch
- Watte
- Heißklebepistole

Zunächst wird der Tontopf mit Blattmetall verziert (Anleitung siehe Seite 5).
Zum Binden des Kränzchens wird 50 cm langes, sehr dünnes Birkenreisig verwendet. Legen Sie acht bis zehn Äste Birkenreisig nebeneinander, aus denen Sie ein Kränzchen von ca. 6 bis 7 cm Innendurchmesser winden.
Nachdem Sie die Steckschaumkugel in die Kranzmitte gesteckt haben, befestigen Sie den Kranz mit Heißkleber auf dem Tontopf.
Schneiden Sie den Bouillondraht in 2 cm lange Stücke. Für jede Nelke wird ein Stück Bouillondraht auf den Golddraht gezogen. Nun wickeln Sie den Golddraht um den Nelkenstiel. Am Nelkenkopf befinden sich vier Zacken, über eine dieser Zacken legen Sie den Golddraht, dann schieben Sie den Bouillondraht gegen diese Zacke. Legen Sie den Draht um den Nelkenkopf, wickeln Sie ihn nach der ersten Zacke wieder nach unten um den Nelkenstiel, und lassen Sie den Draht 3 cm lang hängen.
Zum Andrahten der Zimtstangen Bouillondraht 2 cm lang zuschneiden und auf den Golddraht ziehen. Der Draht wird mit dem Bouillondraht um die Zimtstange gelegt, auf der Rückseite verdreht und nach 3 cm abgeschnitten. Drahten Sie den Sternanis mit Golddraht an, und überwickeln Sie ihn mit langgezogenem Bouillondraht.
Stecken Sie den Sternanis, die Nelken und die Zimtstangen gleichmäßig verteilt in die Kugel, versehen Sie die Orangensterne mit Golddraht, und befestigen Sie diese ebenfalls.

Gesteck

- Jutesack
- Steckschaum
- Nobilistanne
- Verschiedene Koniferenarten (Thuja)
- Korkenzieherhaselzweig
- Orangensternchen
- 3 Zimtstangen (12 cm lang)
- Kerze
- 0,80 m Schleifenband
- Steckdraht (ø 1,0 mm)
- Golddraht (ø 0,4 mm)
- Goldener Bouillondraht
- 2 Kerzensteckdrähte

Den Steckschaum für den Jutesack passend zuschneiden und in den Sack stellen. Die Zweige werden ca. 15 cm lang zugeschnitten und gleichmäßig in den Steckschaum gesteckt, bis dieser verdeckt ist. Drahten Sie nun die Kerze an (siehe „Adventskalender", Seite 8), und befestigen Sie sie ebenfalls, bevor Sie mit Steckdraht den Korkenzieherhaselzweig anbringen. Nun noch die Zimtstangen und die Orangensternchen andrahten, einarbeiten, die Schleife binden und befestigen.

Kerzensortiment

➤ Orangefarbene Wellpappe
➤ Teelichter
➤ 2,70 m grüne Kordel
➤ 6 Orangensternchen

Die Orangensternchen können Sie ganz leicht selbst herstellen:
Stechen Sie sie mit einer Ausstechform aus Orangenschale aus, und trocknen Sie sie auf dem Kachelofen oder im Backofen bei 50 °C.

Die Kerzenständer so arbeiten, wie auf Seite 29 beschrieben. Je Kerzenständer 90 cm Kordel doppelt nehmen, zweimal um den Ständer schlingen und verknoten. An den Kordelenden die Orangensternchen aufkleben.

DEKORIERTES BUCH

Dekorierte Bücher finden immer mehr Liebhaber. Hier ein festlicher Vorschlag mit goldenem Blattmetall, das dem Buch ein edles Aussehen verleiht.

➤ Buch (aus eigenem Fundus oder vom Flohmarkt)
➤ Blütenrispe
➤ 2 Zitronenscheiben
➤ 1,00 m cremefarbenes Schleifenband (7 cm breit)
➤ 2,60 m Goldkordel (ø 4 mm)
➤ Goldfarbenes Blattmetall
➤ Anlegemilch
➤ Überzugslack
➤ Borstenpinsel
➤ Weicher Pinsel oder Tuch
➤ Watte
➤ Heißklebepistole

Das Buch aufschlagen, die Seiten an den Schnittkanten ringsherum mit weißem Bastelkleber verkleben und trocknen lassen.
Nun verzieren Sie die verklebten Buchseiten mit Blattmetall (Anleitung siehe Seite 5).
Binden Sie aus dem Schleifenband und 1 m Goldkordel mit Draht eine doppelte Schleife, befestigen Sie diese an der Blütenrispe, und kleben Sie die Zitronenscheiben auf.
1 m Kordel wird zur Hälfte durch den Buchrücken geführt, die andere Hälfte wird über die Buchmitte gelegt und verknotet.
Befestigen Sie das fertige Blütenrispengebinde mit Heißkleber auf dem Buch, und knoten Sie die Schleifen- und Kordelenden mit je 30 cm Goldkordel zusammen.

FESTLICHE KAFFEETAFEL

Es ist eine schöne Sitte, in der Adventszeit oder an Weihnachten liebe Gäste einzuladen und den Tisch festlich zu decken. An der Tischgirlande, dem Schlitten und dem Weihnachtsmann werden Sie lange Freude haben.

Tischgirlande

- Nobilistanne
- Buchsbaum
- Verschiedene Koniferenarten
- Birkenzweige
- 6 grün-cremefarbene Naturäpfel
- Je 6 große, mittlere und kleine Naturholzsterne mit Steckdraht
- 4 Kerzen
- 1,40 m rote Kordel (ø 6 mm)
- 1,00 m Sisaltauwerk (ø 10 mm)
- Naturbast
- Grüner Steckdraht (ø 1 mm)
- 4 Steckdrähte (ø 1,6 mm)
- Brauner Myrtendraht (ø 0,4 mm)
- Kerze (zum Erhitzen der Kerzensteckdrähte)

Schneiden Sie die Nobilistanne, die Koniferen und den Buchsbaum in ca. 15 cm lange Stücke. Nehmen Sie das Sisaltauwerk doppelt, und befestigen Sie den Bindedraht daran. Nun binden Sie das Grün bis zum Ende des Tauwerks, wie auf Seite 8 („Adventskranz") beschrieben.
Am Ende der Girlande die Sträuße von der entgegengesetzten Seite anlegen, zwei Lagen binden und den Draht auf der Rückseite verdrehen. An dieser Bindestelle entsteht eine Lücke. Zum Füllen drahten Sie Zweige mit 1 mm Steckdraht an und stecken sie dort hinein.
Die Steckdrähte werden in der Mitte geteilt, erhitzt und in die Kerzen gesteckt (siehe Seite 8), bevor diese mit den Steckdrähten an der Girlande befestigt werden.
Das Birkenreisig wird zu drei 10 cm langen Bündeln zusammengefaßt, mit Myrtendraht gebunden und in die Girlande eingearbeitet.
Binden Sie aus Bast und 70 cm roter Kordel zwei Schleifen, mit denen Sie die Girlandenenden dekorieren. Zum Schluß befestigen Sie die Holzsterne an der Girlande.

Girlanden eignen sich hervorragend als Schmuck für die Fensterbank. Sie können in jeder gewünschten Farbe, zum Beispiel mit Schleifenbändern oder auch mit Weihnachtskugeln, dekoriert werden.

Serviettenring

- Rote Wellpappe

Übertragen Sie den Stern vom Vorlagenbogen auf die Rückseite der Wellpappe, und schneiden Sie ihn mit dem Cutter aus. Nachdem Sie einen 5 cm x 14 cm breiten Wellpappestreifen zugeschnitten haben, kleben Sie ihn ringförmig zusammen und fixieren obenauf den Stern.

Zur Tischdekoration Sterne vom Vorlagenbogen abnehmen, auf Wellpappe übertragen und ausschneiden. Diese Sterne auf der Tischdecke dekorieren.

Abbildung Seite 22/23

Weihnachtsschlitten

➤ 2 Schlitten
➤ Künstliche Thuja
➤ Künstlicher Tannenzweig
➤ Nikolaus
➤ 3 rote Deko-Päckchen
➤ 2 Weihnachts-Apfelpicks
  (kleine Weihnachtssträußchen)
➤ Rote Streusternchen
➤ 0,40 m rot-grünes Band
➤ Golddraht (ø 0,4 mm)
➤ Heißklebepistole

Für beide Schlitten werden aus Thuja, Tannenzweig und Weihnachts-Apfelpick je ein Sträußchen gebunden und auf die Schlitten geklebt.
Für den ersten Schlitten eine Schleife mit Draht zusammenhalten, auf die Bindestelle des Sträußchens kleben, ein Päckchen und den Nikolaus mit Heißkleber befestigen.
Bei dem zweiten Schlitten die Bindestelle mit einem Päckchen verdecken.
Fixieren Sie die Streusterne mit Heißkleber auf 20 cm Golddraht, und dekorieren Sie diesen und das dritte Päckchen auf dem Schlitten.

Weihnachtsmann

Ob als Tischdekoration oder als Geschenkverpackung – dieser Weihnachtsmann macht immer eine gute Figur.

➤ Rote und weiße Wellpappe
➤ Roter und hautfarbener Tonkarton
➤ Schwarzer Stift

Für den Körper wird die Vorlage von dem beiliegenden Bogen abgenommen, auf die Rückseite der roten Wellpappe übertragen und mit dem Cutter ausgeschnitten. Ritzen Sie die gestrichelten Linien (Faltlinien) mit Hilfe eines Lineals und des Cutters auf der Rückseite der Wellpappe vorsichtig an.
Falten Sie den Körper, und verkleben Sie ihn mit Bastelkleber. Die oberen Kanten werden zusammengedrückt und die Lasche in den rechteckigen Ausschnitt gesteckt.
Schneiden Sie das Mützenteil zweimal zu, und kleben Sie es zusammen.
Die Bärte, die Augenbrauen und der Mützenbesatz werden aus weißer Wellpappe und das Gesicht aus hautfarbenem Tonkarton nach Vorlage ausgeschnitten. Stanzen Sie die rote Nase mit dem Bürolocher aus, fügen Sie das Gesicht entsprechend der Zeichnung auf dem Vorlagenbogen zusammen, und kleben Sie es auf den Körper. Die Augen werden mit einem schwarzen Stift aufgemalt.

Wenn Sie 24 solcher Gesellen basteln, haben Sie einen hübschen Adventskalender. Ihnen fehlt die Zeit dafür? Dann stellen Sie doch einfach nur vier Weihnachtsmänner her, und verschönen Sie so einem lieben Menschen jeden Adventssonntag mit einer netten Kleinigkeit.

Bäume und Lichter

Tannen und Kerzen verleihen dem Weihnachtsfest seinen besonderen Reiz. Aber auch mit elektrischen Lichtern oder Birkenzweigen lassen sich bezaubernde Dekorationen herstellen, die den Vergleich nicht scheuen müssen.

Weihnachtsstern

- Rebenstern mit Stab
- Übertopf (ø 14 cm)
- Trockensteckschaum
- 10er Lichterkette
- 2 Tannenzweige mit 16 Spitzen
- Künstlicher Lärchenzweig
- Rotes und grünes Stiefelchen
- 2 Weihnachts-Apfelpicks (kleine Weihnachtssträußchen)
- 3 Baumbehangteile
- 1,20 m Schleifenband (4 cm breit)
- Brauner Myrtendraht (ø 0,4 mm)

Ziehen Sie die 10er Lichterkette in den Rebenstern ein, und fixieren Sie die Lichter mit Myrtendraht. Zerteilen Sie einen Tannenzweig, und arbeiten Sie ihn in den Stern ein. Nun das Kabel nach unten führen und mit Myrtendraht befestigen.

Nachdem Sie den Steckschaum auf Topfgröße zurechtgeschnitten haben, kleben Sie ihn im Topf fest und stecken den Stern hinein. Teilen Sie den Tannen- und den Lärchenzweig. Stecken Sie die Zweige so in den Steckschaum, daß dieser vollkommen verdeckt ist.

Jetzt wird aus dem Band eine Rosettenschleife gebunden: Dafür ein 30 cm langes Bandende in die linke Hand nehmen. Mit dem übrigen Band eine Schlaufe nach der anderen zwischen Daumen und Zeigefinger legen. Wenn Sie vier Schlaufen in der Hand halten, legen Sie die Bandenden nach oben zu den Schlaufen. Nun wird die Schleife an der Legestelle mit Draht abgebunden. Bringen Sie die Schleife in Form, und stecken Sie sie zusammen mit den Weihnachts-Apfelpicks in den Steckschaum.

Dekorieren Sie abschließend den Stern mit dem Baumbehang, drahten Sie die Stiefelchen an, und hängen Sie sie an den Stern.

Sie können auch zwei Holzstiefelchen kaufen und diese mit dem HOLZ-PEN bemalen.

Birkenkerzen

- Birkenzweige
- Mandeln
- Myrtendraht (ø 0,4 mm)
- Heißklebepistole

Die aus Birkenzweigen gebundenen Kerzen sind 7 cm, 10 cm und 12 cm hoch und ganz leicht selbst herzustellen.

Schneiden Sie zunächst die Zweige in der gewünschten Länge zu, und binden Sie sie mit Myrtendraht zu einem Bündel von ca. 4 cm Durchmesser fest zusammen.

Kleben Sie eine Mandel auf ein Aststückchen von 2 cm Länge, schieben Sie dieses in das Bündel hinein, und fixieren Sie es mit Heißkleber.

(Abbildung Seite 26/27)

Weihnachtsbäume

➤ Blumenübertopf (ø 16 cm und 14 cm)
➤ Steckkegel (35 cm und 28 cm hoch)
➤ Koniferen (Thuja oder ähnliches)
➤ Apfelgirlande
➤ Weihnachtsstreuteile
➤ 3,50 m Schleifenband (25 mm breit)
➤ Grüner Steckdraht (ø 1 mm)
➤ Heißklebepistole

Der Steckkegel wird mit Heißkleber im Blumentopf fixiert. Schneiden Sie die Koniferen in 8 cm lange Stücke, und beginnen Sie direkt über dem Topfrand, die Koniferen gleichmäßig waagrecht in den Steckkegel zu stecken. Arbeiten Sie bis kurz vor dem oberen Ende des Kegels. Zum Lückenfüllen einige Koniferenzweige mit Steckdraht andrahten und einfügen.
Für den großen Baum zehn Schleifen binden und gleichmäßig verteilt dekorieren. Die weihnachtlichen Streuteile mit Heißkleber auf den Zweigen befestigen. Den kleinen Baum mit der Apfelgirlande verzieren.

Diese Art „Weihnachtsbaum" kann in jeder Größe, mit Tannengrün oder Buchsbaum gearbeitet werden. Zum Dekorieren eignen sich auch kleine Fröbelsterne, Orangensterne und Lichterketten.

Leuchter aus Wellpappe

➤ Rote Wellpappe
➤ Rotes Tonpapier
➤ Teelichter
➤ 2,10 m grüne Kordel (ø 2 mm)
➤ Motivlocher in Herzform

Das Kerzenständersortiment besteht aus drei Kerzenständern. Sie sind 7 cm, 5,5 cm und 4 cm hoch.
Schneiden Sie die Wellpappe jeweils in so breite Streifen wie die Höhe der Kerzenständer. Für das Innenteil der Kerzenständer benötigen Sie einen 2 cm schmaleren Streifen.
Die breiteren Streifen um das Teelicht legen, etwas überlappen lassen und zusammenkleben (nicht das Teelicht festkleben!).
Rollen Sie den schmalen Streifen ein, und schieben Sie ihn bündig in die bereits geklebte Rolle. Nun die Wellpappe aufspringen lassen, mit etwas Kleber fixieren und in die entstandene Lücke das Teelicht einsetzen.
Schlingen Sie um jeden Kerzenständer zweimal eine 70 cm lange Kordel, und binden Sie daraus eine Schleife. Stanzen Sie mit dem Herzlocher für jeden Kerzenständer vier Herzen aus Tonkarton aus, und kleben Sie die Kordelenden jeweils zwischen zwei Herzen.

Kleine Adventsbasteleien

Die Kerzentöpfchen und die Pinienzapfen lassen sich leicht nacharbeiten. Sie sehen hübsch aus und duften gut. Das Kerzentöpfchen können Sie ruhig unbeaufsichtigt stehen lassen, es geht bestimmt nicht in Flammen auf.

Kerzentöpfchen

- Tontopf (ø 6 cm)
- Grauer Steckschaum
- Plattenmoos
- Künstlicher Tannenzweig
- Dekoapfel
- Zitronenscheibe
- 4 bis 5 Sternanis
- 4 Zimtstangen (2 cm bis 3 cm lang)
- 3 Bucheckerhülsen
- 2 Holzkerzen
- 0,30 m Juteband (5 cm breit)
- Naturbast
- Golddraht (ø 0,4 mm)
- Strohblumennadeln

Der Tontopf wird mit kuppelförmig zurechtgeschnittener Steckmasse ausgefüllt. Schieben Sie das Plattenmoos zum Abdecken des Steckschaums vorsichtig zwischen Tontopfrand und Steckschaum, und befestigen Sie es mit etwa vier bis fünf Strohblumennadeln.
Das Juteband etwas verdrehen und am Topfrand festkleben. Darüber den Bast legen und zur Schleife binden. Die Kerzen werden leicht versetzt in den Steckschaum gesteckt.
Teilen Sie nun den Tannenzweig in ca. 5 cm lange Stücke, biegen Sie vier Tannenstücke leicht rund, stecken Sie sie dicht zu den Kerzen, und legen Sie sie über den Topfrand nach unten.

Bringen Sie den Dekoapfel vor den Kerzen an. Sternanis, Bucheckern und Zimtstangen werden den angedrahtet und in Gruppen festgesteckt. Zum Schluß wird die zerteilte Zitronenscheibe eingeklebt.

Pinienzapfen

- Pinienzapfen (ca. 12 cm hoch)
- Buchsbaumgirlande (1,50 m lang)
- 10 Stück Sternanis
- 2 bis 3 kleine Zimtstangen
- 2 bis 3 Zitronenscheiben
- Goldener Bouillondraht

Die Buchsbaumgirlande in den Zapfen einziehen. Den Sternanis mit 6 cm langem Bouillondraht umwickeln, die Zitronenscheibe vierteln und die Zimtstangen in 2 cm lange Stücke schneiden. Kleben Sie jetzt alle Teile gleichmäßig in den Zapfen. Verzieren Sie diesen mit Bouillondraht.
Bouillondraht ist ein zu einer Spirale gewickelter, dünner Draht. Durch Auseinanderziehen der Spirale entsteht ein feines Drahtgespinst. Dieses Drahtgespinst kreuz und quer um den Zapfen wickeln.

Türbogen mit Nikolaus

- ➤ Drahtwellring (ø 30 cm)
- ➤ Nobilistanne
- ➤ Buchsbaum
- ➤ Verschiedene Koniferenarten
- ➤ Beerenzweig
- ➤ Nikolauskopf
- ➤ 1,00 m Schleifenband (4 cm breit)
- ➤ Grüner Bindedraht (auf Holzspule)
- ➤ Steckdraht (ø 1 mm)

Schneiden Sie zunächst den Drahtwellring in der Mitte auseinander, und nehmen Sie ihn doppelt. Nun wird das frische Grün zugeschnitten. Der Bogen wird von den beiden Enden zur Mitte hin gebunden (Bindeanleitung siehe „Adventskranz", Seite 8). Falls noch Lücken vorhanden sind, Zweige mit Steckdraht andrahten und jene damit schließen.
Bringen Sie den Nikolaus etwas versetzt an dem Türbogen an, und arbeiten Sie den Beerenzweig ein. Legen Sie das Band zu einer Rosette, die Bandenden sollten 10 cm lang sein. Die Rosette wird so gearbeitet, wie auf Seite 28 beschrieben, und ebenfalls am Türbogen befestigt. Bringen Sie abschließend auf der Rückseite, etwas außerhalb der Mitte, einen Aufhänger aus Draht an, damit der Türbogen gerade hängt.